CONTENIDO

LA VIDA EN UNA POZA DE MAREA

Una poza de marea es un charco de agua salada que se forma en la playa con las olas que van y vienen. Las pozas de marea, por lo general, son pequeñas, pero sirven de hogar a una gran **variedad** de seres vivos. Todos estos seres vivos están conectados a través de las cadenas alimentarias de las pozas de marea.

Una cadena alimentaria es una manera de mostrar cómo las plantas y los animales dependen los unos de los otros para su alimentación. Cada vez que un animal come una planta u otro animal, se forma otro **eslabón** en la cadena alimentaria. Estos eslabones muestran cómo se pasa la **energía** de un ser vivo a otro.

Es un hecho

La marea es el ascenso y descenso periódico de las aguas de los océanos. Estos movimientos se deben a la atracción que ejercen el Sol y la Luna sobre las masas de agua en la Tierra.

Explora las cadenas alimentarias y las redes tróficas

LAS CADENAS ALIMENTARIAS EN LA POZA DE MAREA

Katie Kawa

Traducido por Esther Sarfatti

PowerKiDS press.

Nueva York

Published in 2015 by The Rosen Publishing Group, Inc.
29 East 21st Street, New York, NY 10010

First Edition

Editor: Katie Kawa
Book Design: Reann Nye
Spanish Translation: Esther Sarfatti

Photo Credits: Cover Doug Cannell/E+/Getty Images; p. 5 (tide pool) David Mantel/E+/Getty Images; pp. 5, 21 (red algae) Vilainecrevette/Shutterstock.com; pp. 5, 21 (oysters) Jane Rix/Shutterstock.com; pp. 5, 21 (sea star) Logan Carter/Shutterstock.com; pp. 5, 21 (herring gull) iriksavrasik/Shutterstock.com; p. 6 De Agostini Picture Library/De Agostini Picture Library/Getty Images; pp. 7, 15 Ethan Daniels/Shutterstock.com; p. 8 Andrew J Martinez/Photo Researchers/Getty Images; p. 9 James Wheeler/Shutterstock.com; p. 10 Marevision/age fotostock/Getty Images; p. 11 Dudarev Mikhail/Shutterstock.com; pp. 12, 21 (sea urchin) NatalieJean/Shutterstock.com; pp. 13, 21 (limpets) Jon Boyes/Getty Images; pp. 17, 21 (hermit crab) wandee007/Shutterstock.com; pp. 18, 21 (bacteria) irur/Shutterstock.com; pp. 19, 21 (sponge) C.K.Ma/Shutterstock.com; p. 21 (tide pool) Steve Clancy Photography/Moment/Getty Images; p. 22 © iStockphoto.com/omgimages.

Library of Congress Cataloging-in-Publication Data

Kawa, Katie.
Las cadenas alimentarias en la poza de marea / by Katie Kawa, translated by Esther Sarfatti.
p. cm. — (Explora las cadenas alimentarias y las redes tróficas)
Includes index.
ISBN 978-1-4777-5982-0 (pbk.)
ISBN 978-1-4777-5983-7 (6-pack)
ISBN 978-1-4777-5981-3 (library binding)
1. Tide pool ecology — Juvenile literature. 2. Food chains (Ecology) — Juvenile literature. I. Kawa, Katie. II. Title.
QH541.5.S35 K39 2015
577.69—d23

Manufactured in the United States of America

CPSIA Compliance Information: Batch #CW15PK: For Further Information contact Rosen Publishing, New York, New York at 1-800-237-9932

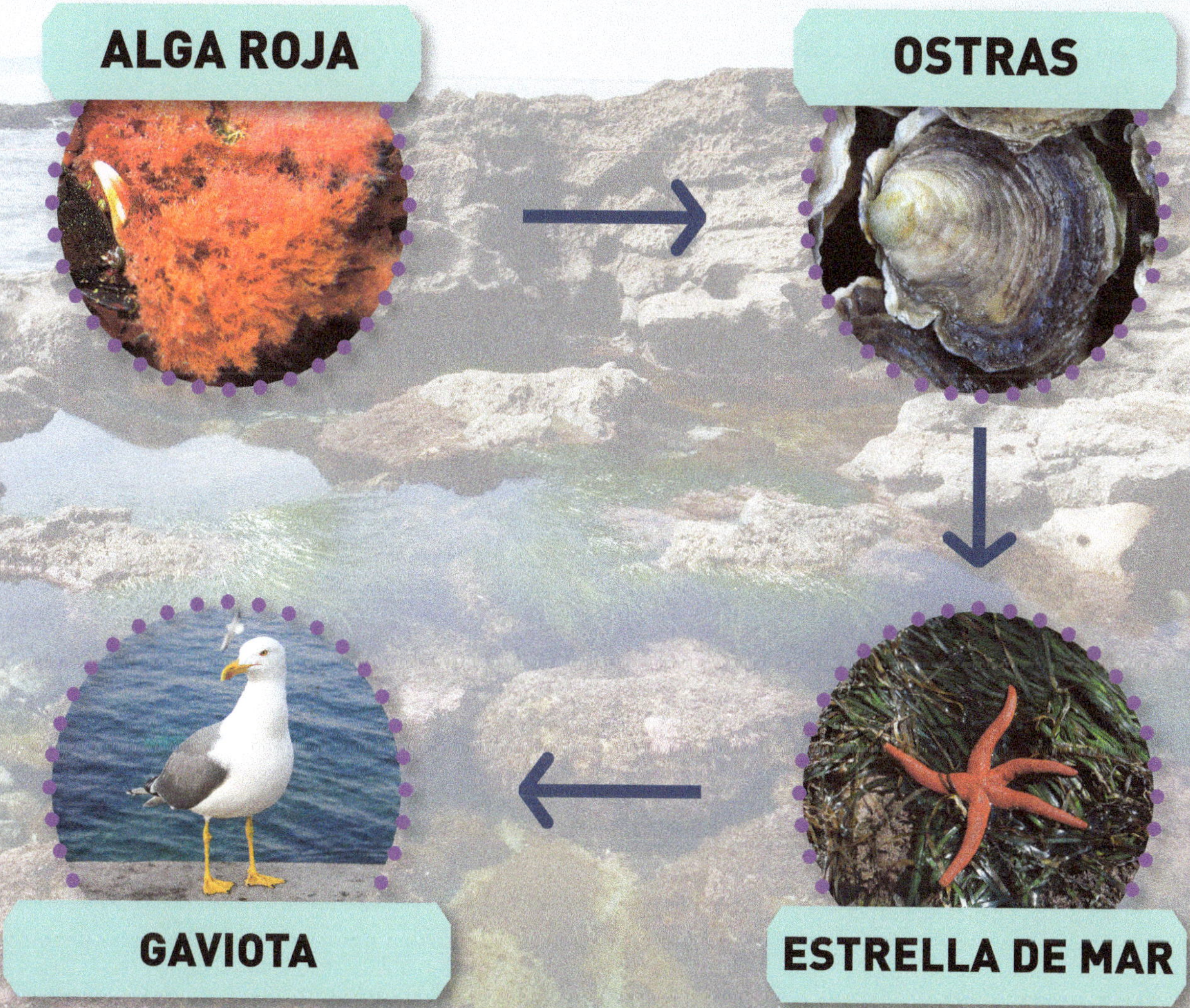

Esta cadena alimentaria es solo un ejemplo de las muchas cadenas alimentarias que pueden existir en una poza de marea.

CAMBIOS CONSTANTES

Las pozas de marea se crean en las costas rocosas. Cuando sube la marea, el agua se eleva en la orilla. Después, la marea baja. Cuando esto pasa, se acumula agua en los miles de agujeros y grietas que hay entre las rocas. Estos charcos de agua naturales son hábitats de la poza de marea.

Los hábitats de las pozas de marea cambian constantemente. Las olas que entran y salen con las mareas pueden desplazar a los animales de estos hábitats, pero también pueden traer nuevos seres vivos a las pozas de marea. Algunos de estos nuevos organismos son plancton y constituyen una parte importante de las cadenas alimentarias de las pozas de marea.

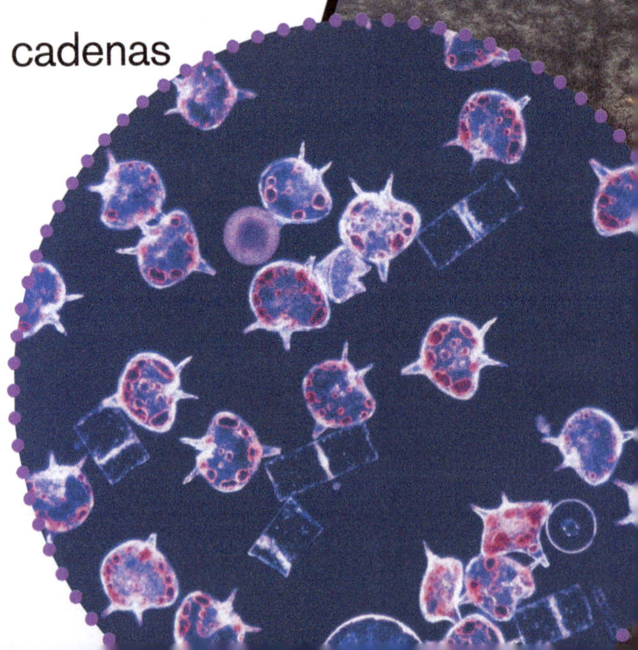

Plancton es un conjunto de animales diminutos que flota en el agua. Muchas de estas especies, o clases de animales, son tan pequeños que no se pueden ver.

Es un hecho

¡Algunos animales desafortunados pueden ser arrastrados a mar abierto por las olas!

ADAPTARSE A UNA VIDA ROCOSA

Todos los seres vivos que se encuentran en las pozas de marea se han **adaptado** a este hábitat. Un hábitat es un lugar donde una planta o un animal encuentra todo lo que necesita para vivir. Las criaturas que viven en una poza de marea se han adaptado a vivir en agua salada y se han acostumbrado a las olas que golpean la orilla rocosa.

Los mejillones y las ostras se pegan a las rocas en una poza de marea. Los cangrejos se protegen de las olas en sus conchas. La zostera marina es un tipo de planta que crece en el agua. Recibe la luz solar dentro de la poza de marea porque el agua no es muy profunda.

Es un hecho

Las hojas de la zostera marina pueden llegar a medir 3 pies (0.9 m) de largo.

Los animales y las plantas que viven en una poza de marea se han adaptado a un hábitat que cambia constantemente a causa de las olas que entran y salen.

EL PRIMER ESLABÓN

Las plantas y los **organismos** parecidos a plantas son el primer eslabón en la cadena alimentaria de la poza de marea. Obtienen su energía del sol y luego pasan esa energía a los animales que los comen. Estas plantas y organismos reciben la energía solar y la convierten en alimento a través de un **proceso** llamado fotosíntesis. Durante este proceso, la energía solar se mezcla con agua, un gas llamado dióxido de carbono, y otros **nutrientes** para crear una especie de azúcar.

Uno de los organismos parecidos a plantas más importantes en una poza de marea es un tipo de plancton llamado fitoplancton.

Es un hecho

El fitoplancton flota en el agua, pero algunas plantas de la poza de marea, como la lechuga marina, se **adhiere** a las rocas.

Las algas rojas son organismos que viven en pozas de marea. A menudo se encuentran adheridas a otras plantas de la poza de marea.

LOS HERBÍVOROS DE LA POZA DE MAREA

Los herbívoros son animales que comen plantas. Constituyen el segundo eslabón en una cadena alimentaria de la poza de marea. Hay muchos tipos de herbívoros que viven en las pozas de marea. Las lapas son animales con una concha plana que raspan lentamente las algas de las rocas. Algunas especies de erizos de mar también comen algas. Los camarones se alimentan del fitoplancton que flota en el agua.

Es un hecho

Aunque muchos erizos de mar son herbívoros, hay otras especies de erizos que comen carne.

Muchos herbívoros de las pozas de marea tienen conchas gruesas para **protegerse** de sus depredadores. Se mueven muy lentamente y ¡no pueden huir de los animales que los quieren comer!

Las lapas se encuentran normalmente adheridas a las rocas en una poza de marea.

DIFERENTES TIPOS DE CARNÍVOROS

Las plantas no son los únicos seres vivos que sirven de alimento en una poza de marea. Algunos animales cazan y comen otros animales en este hábitat. Los animales que comen otros animales se llaman carnívoros.

Algunos carnívoros, como el pulpo, se mueven por el agua para cazar. Otros, como la bellota de mar, se quedan quietos y al acecho de su **presa**. Cuando la tienen cerca, en ese momento, la atrapan.

Muchos carnívoros en las pozas de marea comen otros carnívoros. Estos carnívoros se conocen como carnívoros secundarios. El caracol taladro es un ejemplo de carnívoro secundario. Usa su lengua para hacer agujeros en las conchas de sus presas y luego las absorbe a través de esos agujeros.

Es un hecho

Las bellotas de mar son animales pequeños cubiertos de placas duras. Se pueden encontrar adheridos al fondo de las embarcaciones o a los cuerpos de otros animales, ¡como las almejas y las ballenas!

Las estrellas de mar utilizan sus poderosos brazos para abrir las conchas de otros animales. ¡Las estrellas de mar sacan los estómagos de sus cuerpos para ingerir a sus presas!

¿QUÉ COMEN LOS CANGREJOS?

Algunos animales que viven en pozas de marea comen tanto plantas como animales. Estos animales se llaman omnívoros. Algunas especies de cangrejo son omnívoras.

Incluso las plantas y los animales muertos sirven de alimento a los animales de la poza de marea. Los carroñeros constituyen una parte muy importante de las cadenas alimentarias de la poza de marea. Estos animales obtienen energía al comer animales y plantas muertos. Los cangrejos ermitaños son carroñeros. Comen animales y plantas vivos, pero también comen restos de animales y plantas. Los cangrejos de roca también son carroñeros de la poza de marea.

Los carroñeros, como este cangrejo ermitaño, forman una parte importante de las cadena alimentarias porque se aseguran de que no se malgaste ninguna fuente de energía.

Es un hecho

Para protegerse de sus depredadores, el cangrejo ermitaño ocupa las conchas vacías de otros animales de la poza de marea. Según crece, busca una concha más grande.

¡SUPERESPONJAS!

Otro tipo de animal que vive en una poza de marea es la esponja. Las esponjas también son carroñeras, pero no se desplazan para buscar su comida como hacen los cangrejos. Las esponjas absorben el agua a través de sus **poros**. De esta manera, ingieren trocitos pequeños de materia vegetal y animal que están en el agua.

Las esponjas también comen bacterias. Estas criaturas minúsculas son importantes en las cadenas alimentarias porque ayudan a descomponer las plantas y los animales muertos. Los organismos que hacen esto se llaman descomponedores. Las bacterias sirven de alimento a otros animales de la poza de marea, entre ellos las almejas y las ostras.

bacterias

Las bacterias descomponen las plantas y los animales muertos. Después, los animales, como esta esponja, se comen la materia muerta de plantas y animales.

Es un hecho

Las esponjas son diferentes a otros animales porque no tienen órganos ni partes del cuerpo con una función específica.

UNA RED TRÓFICA EN LA POZA DE MAREA

Las cadenas alimentarias de una poza de marea se juntan para formar una red trófica más grande. Las redes tróficas muestran cómo todos los seres vivos en un hábitat están conectados. Las flechas en esta red trófica enseñan el flujo de energía de un ser vivo a otro. Los colores que señalan cada ser vivo muestran la variedad de organismos en una poza de marea. Los descomponedores, que aparecen en el centro de la parte superior de la red, descomponen los seres vivos en esta red una vez que mueren.

Clave de cadenas alimentarias

- carnívoro
- descomponedor
- herbívoro
- omnívoro
- productor

Es un hecho

Las bacterias son muy pequeñas para verse sin un microscopio.

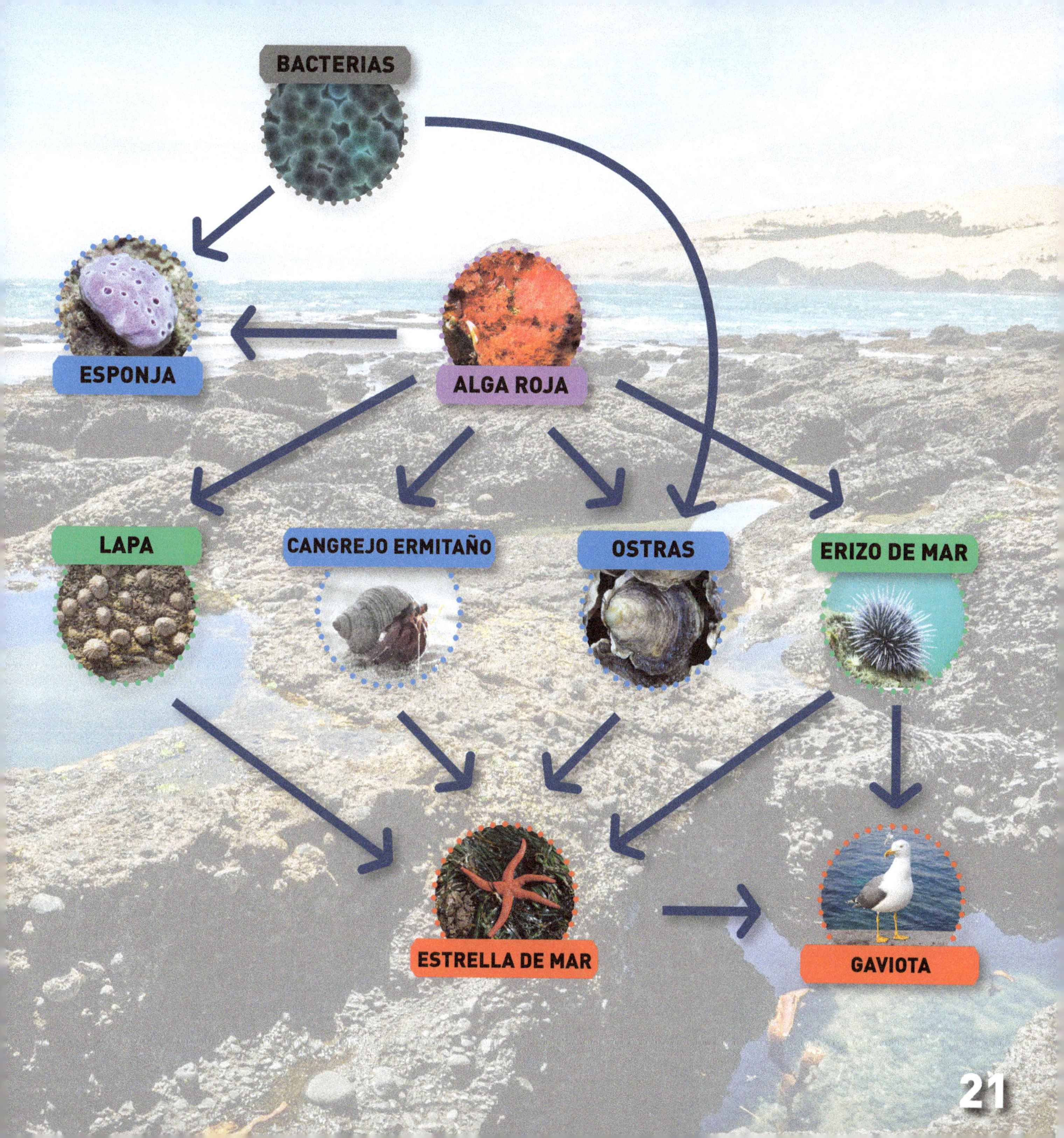
BACTERIAS
ESPONJA
ALGA ROJA
LAPA
CANGREJO ERMITAÑO
OSTRAS
ERIZO DE MAR
ESTRELLA DE MAR
GAVIOTA

¡VAMOS A EXPLORAR!

Es divertido **explorar** las pozas de marea para ver los animales y plantas que viven en este hábitat. El mejor momento para explorarlas es cuando baja la marea, ya que es más fácil llegar hasta ellas. Cuando visites las pozas de marea, debes ponerte calzado especial para proteger tus pies de las rocas y conchas afiladas. Además, debes tener cuidado de no pisar los animales y plantas y hacerles daño.

Podrías pasarte el día entero observando una poza de marea y no poder ver todo lo que vive en ella. ¡En estos hábitats siempre hay algo nuevo que ver!

Es un hecho

Algunos de los animales de las pozas de marea pueden hacerte daño si no tienes cuidado. Algunos erizos tienen espinas puntiagudas, ¡y los cangrejos te pueden pellizcar con sus pinzas!

GLOSARIO

adaptarse: Cambiar para acomodarse a nuevas condiciones.

adherirse: Pegarse una cosa a otra.

energía: El poder o la habilidad de estar activo.

eslabón: Una pieza que conecta con otra.

explorar: Examinar algo para saber más acerca de ello.

nutriente: Algo que consume un animal o una planta para crecer y mantenerse sano.

organismo: Un ser vivo.

poro: Un pequeño orificio en la superficie de un ser vivo.

presa: Un animal perseguido por otros animales como alimento.

proceso: Una serie de acciones o cambios.

proteger: Mantener a salvo.

variedad: Un número o colección de cosas diferentes.

ÍNDICE

SITIOS DE INTERNET

Debido a que los enlaces de Internet cambian a menudo, PowerKids Press ha creado una lista de los sitios Internet que tratan sobre el tema de este libro. Este sitio se actualiza con regularidad. Por favor, usa este enlace para ver la lista: www.powerkidslinks.com/fcfw/tpfc